JEAN PAUL LEON YODH

ADAGIO

aforismos
2026

Albert editor
Madrid

JEAN PAUL LEON YODH

ADAGIO

aforismos
2026

Texto y dibujos
Jean Paul Leon Yodh

cubierta
Jean Paul León Yodh

depósito legal
M-20784-2025

ISBN
979-13-990260-3-0

cuidado editorial
www.albert-editor.com
juan.juancarlos@gmail.com

impresión
imprimelibros.com

JEAN PAUL LEON YODH

ADAGIO

aforismos

2026

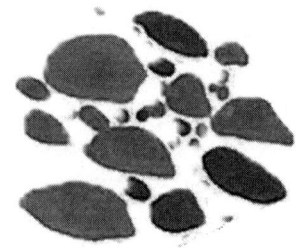

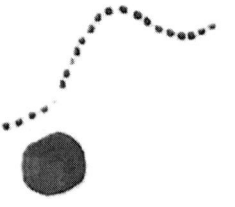

Presagio de hoy, adagio del mañana.

Ni armonía, ni equilibrio.
La cacofonía desmesurada
se ha apoderado del pentagrama.

Sin una armonía equilibrada, jamás saldaremos la cuenta pendiente de la Paz.

Los grandes problemas los agudizan las ideologías y los originan ególatras teñidos de teologías baratas.

En estos tiempos el surrealismo es todo lo real que, *in illo tempore*, dejó de ser el realismo.

Sociedad sin techo. Atrocidad sin medida.

Ni me pagues ni me remuneres.
Quédate con la propina de tu propia incomprensión.

Mide bien tus palabras, tarde o temprano, te pueden faltar gravemente.

El místico y el cínico, ambos, esperaban muy poco de la vida terrenal.

En la distracción se desvanece la fuerza primigenia de la atracción inicial.

La fe en el futuro se halla más allá de la muerte.

Haz de todo menos el ridículo.

Cansado de pensar, tropezó y cayó en lo cierto.

Si no me dices nada, sólo de la nada nos queda por hablar.

La imbecilidad supina puede durar toda una vida.
¡Para qué dos!

Los humanos somos tan reveladores o tan patéticos como el alcance de nuestras propias ensoñaciones.

Los sueños son nuestros dueños, aunque no nos cobren el alquiler.

Cuando sea mayor, sin que me apunten, me apunto a vivir sin miedo.

lunes 19 ENERO

Si Dios existe, visto lo visto, no se quiere dejar ver.

El funcionario dejó de funcionar el día que se inmiscuyó en el sistema de gobierno… supra politizado.

Releído el texto fue cuando se comió la miga sin rechazar la corteza.

Arrejuntó todas las Artes y, al quedarse sin musas, le salieron monstruos.

Estoy a punto de llegar a ser lo que seré, lo que nunca he sido. Yo mismo.

A falta de luz, alumbra y cuestiónate las tinieblas.

Me duele el mundo. Me consume su demencial absurdo.

Todo el mundo ocupado y nadie se ocupa del dichoso mundo.

La paz será para todos, aunque rara vez se logre entre todos.

La tragedia del uno alienta las llamas y el jolgorio del otro.

Los destacados que pierden la cabeza son absorbidos
irremediablemente por el pelotón.

La arroba ya no pesa lo que pesaba antes del omnipresente Internet.

El reflejo escupe en el espejo la capacidad más vengativa del alter ego.

Reparó, al salirse con la suya, que en realidad era la del otro.

El materialismo histórico se ha quedado sin más historias que contar.

El nihilismo ya no está en nada, Friedrich. Todo el mundo está a trincar la que se cae.

Si las cosas no van bien, tú tranquilo… podrían ir peor.

Si el Sanchismo continúa, más de lo mismo. Si el fascismo vuelve a levantar el brazo y golpear, principio final.

¿Será ignorancia o amnesia colectiva?

El principio final es el principio de todos los finales.

El terrateniente tenía muchas tierras, pero muy poca vergüenza.

El desamor pernocta, abatido, en las puertas oxidadas del odio.

El escritor en paro se tuvo que inventar su propia vida para podérsela ganar.

Hueles mal. Vuelas bajo.

Solitario… a menudo. Solidario… siempre.

El cuello de botella y la tenaza siguen siendo la esencia de la geopolítica actual.

El amor profundo, mojado en energía sexual, es lo mejor que te puedes llevar como herencia a cualquier otro mundo.

Su uranio enriquecido nos va a acabar trayendo la gran pobreza del apagón general.

Lo superfluo lo enfatizan con una denodada profundidad.

En las tinieblas espesas, a cualquier atisbo le llaman luz.

Comunistas y Comuneros deberían haber sabido que el sentido común sigue siendo el menos común de los sentidos.

Por más que se duplique, el duplicado no vale doble.

.

Para depreciarnos aún más, no hacen más que subirnos los precios después de cada refriega militar.

En este orden de cosas, el desorden se denota por sistema.

Tú, elogia al mezquino, que te castigarán con votos. Muy democráticos.

Puestos a ser, el ser humano eligió democráticamente ser imbécil. Libremente y no por designio... divino.

Si la conflagración llega a ser esta vez nuclear, ya me dirán Vds. con qué demonios voy yo a pagar la hipoteca a 30 años que acabo de firmar.

La era del idiota no era… es. Y lo va a seguir siendo.

La pluralidad no se afronta con dos partidos… partidos a su vez en diez trozos.

Se dedicó a parodiar la política de los ricos para salir
huyendo de las empalizadas de los pobres.

Por más que insistan, la particularidad jamás será propiedad privada, coto de Caza, o la Riviera en Gaza.

La llamada realidad está dejando a la fantasía en mero cuento de hadas.

La belicosidad no se desata sólo en plena batalla campal.

En el Circo te permiten hacer el payaso. En el Hemiciclo, parece que también.

En las Cortes, como en la calle, se solía ser cortés.
Ahora, descaradamente grosero.

Oxfam anuncia el aumento, en los últimos 10 años, de 33,9 billones de ganancia para el 1% de la población.

Lo que han ganado los más ricos del planeta entre 2015-2025 podría acabar con la pobreza mundial 22 veces.

El fracaso y el éxito se arrejuntan en una impostura análoga.

Si crees que no tienes nada que demostrar, probablemente estés en lo cierto.

Abrió los labios con tal de esconder su miedo más profundo
detrás de un inocuo par de excusas.

El otro, aún cuando no se porta, también importa.

Si llegó a ser alguien *post-mortem* es porque ya lo era antes.

El huracán de la mediocridad agota los primeros tres decenios del siglo con la oreja pegada al teléfono celular y la vista fija en el mercado de unos valores que no valen nada.

La sociedad consume y el consumo materializa a la sociedad.

Cuando no atino, el desatino se apodera de mí. Mal sino.

Entre la muchedumbre se pierden los muchos y en la pureza se ocultan los pocos.

Tachó de superfluo el acento y se metió de lleno en el terreno de la falta de ortografía.

Voy a dejar de preguntar. Ya me consta que esto no tiene nombre.

Por más que se cansó buscando, lo único que no encontró
fue el descanso y la paz interior.

Como fue tan mal aprendiz, supo que con el tiempo sería un pésimo profesor.

No me des respuesta rápida. Acabo de hacerte una pregunta larga y tendida.

sábado 21 MARZO

Acabó en el principio, a punto de darle unas cinco mil vueltas
al final.

Fabrico fantasías que distan mucho de ser juguetes de fábrica ni nubes de algodón.

De los juguetes rotos, la industria no recicla ni sus cajas de cartón.

La Inocencia fue declarada culpable por el Tribunal de Causas Perdidas.

El animal que razona más y presume menos, ¿es, para empezar, bastante más racional?

No me insultes. Con pensar tan poco, ya lo estás haciendo.

Con pensar tan mal, no compensas, agravas aún más la situación.

Puestos a pedir, yo lo que pido es suerte. Buena suerte.
La mala, que se la repartan los demás.

Dame un buen par de textos y no cinco mil pretextos.

lunes 30 MARZO

Contento, el esperpento se hizo con las decisiones
unilaterales del Comité Central.

Todos los que partieron y departieron abandonaron, en común, las consignas draconianas del partido.

Los pareceres contrastados evitaron mirar hacia adentro y fijarse bien a los lados.

Dilucidando si podemos o no podemos, los pormenores sumaron solos hasta hacerse mayores.

El buen filósofo nos dio luz y, a su vez, evitó, sabiéndolo, deslumbrarnos.

Denostó su destino antes de que el sino la tomase a trompazos con él.

Los 10 minutos de antelación suelen servir para llegar razonablemente tarde.

No haremos nada, pero estamos todos, en todo momento, muy ocupados.

Somos pobres pero no hacemos gala de nuestra presumida honradez.

No se prestó ni a prestar atención. Y así le fue.

Se desvivieron tanto que perdieron hasta la vida.

El verdadero regalo es vivir... y, sobre todo, dejar vivir.

En resumidas cuentas, las cuentas pendientes le delataron.

En la grandiosidad siempre se oculta lo más pequeño.

lunes 13 ABRIL

Para poderse perder por ahí, conviene de antemano saber encontrarse.

Dios, permanente, espera. El sapiens desespera.

¿El ser humano ha dejado de ser... humano?

Cambió de aires, de tierra, de mares y, abocado siempre al mismo fuego, se quemó.

¿Picasso, él solo, se chupó la buena suerte que le faltó a
Modigliani o a Van Gogh?

A los banqueros habría que sentarlos a todos en los banquillos.

Las buenas compañías se las apañan para que las malas no te dejen vivir en paz.

¿Profesión? Aquello que profeso con seso y en exceso.

La peculiaridad ya ha dejado de ser rara para convertirse en un bien de consumo casi habitual.

La prontitud en la alerta nos llegó descaradamente tarde.

Si la degeneración conocida carece de límites, la desconocida, aún más.

La Relatividad de los objetivos, en el fondo, no dejaba de ser absolutamente subjetiva.

Harto de no hacer nada, nadó, y en la nada se diluyó.

Por más que se empecine, el disfraz nunca consigue ocultar la mascarada habitual.

Ella luchó por mantener el apellido materno, que no dejaba de ser el del padre de su madre.

Yo que tú, no lucharía por ser lo que no eres.

Entre col y col se nos fue el empeño en este estercolero.

En su totalidad, la supuesta obra maestra se les perdió en particularidades.

En el magín habita, marginada, la tumba abandonada de la imaginación.

Estando lleno de nada, acabó harto de todo.

Dilucidó y, de tanto hacerlo, se quedó sin luces.

No te agarres a lo bueno que eres.
No te hundas con lo malos que son.

Siempre mantuvo buena relación con dos hermanas gemelas. Paz y Soledad. Al final, se quedó con su prima hermana, la Olvido.

En esta sociedad, por mucho que tú valgas, te tienen que convalidar los demás. Y eso siempre tiende a restar valía.

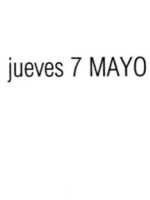

jueves 7 MAYO

Sumidos en el final… Consumidos desde el principio.

viernes 8 MAYO

En el fondo de la gruta que sobrevive en ti mismo, se funde y confunde el mismo manantial.

Condenado al olvido, no tuvo más remedio que recordar.

Vivir sin música es hacerlo a ciegas.

lunes 11 MAYO

Un toque de locura abre la puerta de la Fragua de Vulcano…
o directamente del Hospital Psiquiátrico.

Se dio tremendo baño de masas y acabó hasta el culo del mundo.

Al que tira por ir tirando le da gato por liebre la moral sin entusiasmo.

Hasta la conciencia, a veces, no es del todo consciente de su propia inconsciencia.

Tú busca, que ya te encontrarás… en vivo o en diferido.

En el desborde, más que en el regate, se acaricia el marchamo del gol.

En la sutileza, se atesora el secreto mejor guardado.

lunes 18 MAYO

Agárrate bien a la precaución y, sin temor, suelta el miedo.

Si vivir te cuesta un huevo, recorta gastos, pero no dejes que los demás lo hagan por ti.

No sé si sabe lo que dice, ni si dice lo que sabe.

Se equivocó tanto que ya no fue capaz de acertar ni por error.

En la Sala de Juicios todo se perdió. Comenzando por el buen juicio inicial.

Se generaron libertades y, con el tiempo, se fueron degenerando.

El buenismo es la reconversión de los malos más malos de la película.

El funcionario se agarró a la función hasta la hora de su inexorable defunción.

Si te dejan en paz, con eso tú ya tienes media guerra ganada.

Los hombres de acción consideran, a tiros, que la reflexión es la inacción.

Si se ponen en peligro los valores, lo demás no vale.

A base de matar tanto el tiempo, acabó con las manos ensangrentadas y a pedradas con el reloj.

Nunca quiso saber a ciencia cierta lo que desde niño ya sospechaba.

Mi alma de coleccionista acumula un sinfín de páginas aún por rellenar.

Al paso que va la Ciencia, los de la 3ª edad no nos vamos ni a la de 3.

No me cuentes verdades a medias. Descuéntame de entrada todas tus falsedades.

Si el trabajo ese no te atrae, no trates tú de llevarle la contraria.

No sé en qué día vivo. Y si me preguntan el año… mucho lo dudo.

El futbolista hizo mil flexiones seguidas y al intelectual, con un par de reflexiones, no le valió.

El paquete de medidas anti-emigración resultó ser tremendo paquete.

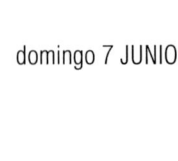

El grado de violencia en USA se sigue basando en el código
balístico del Far West.

El mundo nuevo no es ninguna novedad. Es un *remake*.

Las reglas del juego ni juegan ni se sientan en el banquillo,
si bien, dictaminan la orden del juego.

Si por él fuera, en su funeral, preferiría no estar de cuerpo presente… ni ausente.

¿El ser anormal es el que está muy por encima de la norma
de la normalidad?

El cupo se cerró cuando la cerrazón tocó el pito.

El que dice se desdice y, el que no se niega, al final reniega.

La manipulación se puede hacer con los pies desde la sala
de máquinas del ordenador.

A base de prejuicios, el juez le condenó haciendo caso omiso al pretendido juicio.

El matón quedó ileso y se atrincheró en las cloacas del Kremlin.

Te va a faltar poco para que te falten las alimañas de la oposición.

Cierta edad ya no es un factor, es una ruina.

Por más que tú lo pises, en el piso te están vendiendo sólo aire.

Esperó la llegada tardía de la muerte con la mayor tranquilidad del mundo.

domingo 21 JUNIO

Somos balas perdidas, errores crasos en la diana.

lunes 22 JUNIO

No me acuerdo si el tal acuerdo ya era un desacuerdo de por vida.

Vivió a base de pastillas, ya que no supo, o no le dejamos, vivir en paz.

En todo momento, haz tu mejor esfuerzo. No esperes a que te den la recompensa.

Si no quieres, no lo hagas, pero deja ya de amagar y no dar;
que das pena.

Con el ojo cerrado, Polifemo pulió mejor la obscuridad en el interior de la gruta. Pobre... peripatético Cíclope ciego.

sábado 27 JUNIO

Su legítima aspiración resultó no ser plata de ley.

Por la falta de acuerdo, se le soltaron, por igual, las fauces y
las tripas al desacuerdo.

Estoy lo suficientemente bien para darme cuenta de lo mal
que estamos… el planeta, ustedes y yo.

Se me fue la idea y en lugar de irme con ella me apunté al paro.

A tanque vacío, para; deja ya de intentar poner al pobre motor en marcha.

La inteligencia artificial es, de natura, ostensiblemente
artificiosa.

En la Uno, politiqueo nacional.
En la Dos, farfulleo de Washington D.C.
Y en la Tres, animales salvajes, viciosos, que van a la yugular.
¿Y en Teledeporte?

Murió viendo el televisor. Aburrido. Solo. Envenenado.

Lo que temía hacer mal, lo acabó haciendo peor que regular.

Sumidos en esta mierda, ahora sí que olemos mal.

La desventura nos agostó al cambiar la estructura puntual de la Madre Natura.

Nuestra moneda de cambio es la envidia cochina... siempre emanando ese mal olor suyo a criptomoneda devaluada.

El intelectual dejó de leer entre líneas y la pifió.

Se mostró racional con tal de ser y estar. Sin más.

Se quedó sin tinta china. La palabra 'Fin' tuvo que rematarla con su propia sangre.

Hasta el genio, de mal genio, puede llegar a parecer un cretino.

Te aconsejo que me prestes tu consejo. Yo te prestaré mi atención.

La misoginia hace caso omiso al sentido común.
Una cabeza, pensante, un voto.

¿La codicia no será la resultante de hacerlo todo con los codos?

A base de conformarse, por fin conformó opinión y no votó en blanco.

Esta vez yo ya no me conformo. Por fin conformé opinión y no voto ni en blanco.

El Fondo Buitre compró la bagatela de la desesperanza por cuatro perras. Y se alzó.

No es culpa ni de los buenos ni de los malos. Puestos a culpar, ahí tenéis al humano.

El miedo se puede perder, mientras el asco se puede dar.

El que no se fía, que no se dedique a vivir de prestado.

Que te paguen lo justo. Jamás demasiado. Si no quieres que más tarde te lo cobren con creces.

jueves 23 JULIO

¿Cada uno a lo suyo y Dios contra todos?

viernes 24 JULIO

Se dedicaba a pensar. No a comer pienso. Eso pienso.

Arrima el hombro, chiquillo, que se nos escapa el paso.

Irrumpió en la política e interrumpió los buenos modales.

El arquitecto se quedó corto por ponerse a recortar metros y a ningunear centímetros.

La pareja hizo obras con tal de dejar sitio al bienestar.

A falta de paz, buena se hace hasta la más nimia tregua.

Según él, al filo de las dos y media, ya eran las tres.
(... menos 20.)

El materialismo trasciende las imposiciones propias de la propia materia.

Si te dicen que, de vez en cuando, te contradices, dirás que todo es relativo.

Tinta indeleble, memoria eterna.

La verdad es que no sé ni lo que no sé. Ni quiero saberlo.

Nuestro verdadero avance consistiría en llegar, con calma cabalística, al siglo 12. No al 22.

A estas alturas llegaron las desventuras tiznadas de conjeturas.

El mejor conjunto se dota de las individualidades más
compatibles.

No me des la callada por respuesta. Dame tu respuesta más callada.

Llegó el final sin percatarse de la finalidad ni por asomo.

Si te traen las penas a domicilio, al menos que no te cobren los portes.

En la cresta de la ola, se apoderó de él la moral baja y, en un
lecho de piedras, la fatalidad le revolcó.

La moral decente se pasea desnuda y sin dobleces.

En su aquiescencia, votó por votar y tiró a no dar... a no darse un tiro en el pie.

El paradigma de la Fe se quedó sin ella y murió desolada, en los huesos.

Si no la oyes, aún así, escucha lo que te canta tu voz interior.

sábado 15 AGOSTO

Para seguir a fondo la jugada, sí o sí, te la tienes que jugar.

La emoción no deja de ser una moción puesta en movimiento.

Juicio invicto, cuenta por saldar.

La mítica libertad se ha escaqueado y, aún así, la siguen buscando el sargento, el cabo, ciertos filósofos y Delacroix.

Sin razón de ella, la sinrazón le llevó a perderla.

La tergiversación todo lo inunda para hacer de ello oneroso capítulo irrelevante.

Sufro de día. Ignoro si lo ignoro de noche.

La conflagración fraguó la guerra y se engañó en el fin más engorroso.

El gas se desvanece pero, si lo manipulas, mata.

La acritud del blanco o negro, sólo le da de comer al gris.

La inmoralidad se intenta regular con la legislación.
La irracionalidad, con la conciencia.

La actividad mundana invita, inexorablemente, a retirarse del mundo.

El cautivo cautivó cautiverios, mientras el libertino se liaba a escondidas con la libertad.

La prestancia es un don que conlleva a no prestar más que atención.

Cayó en desgracia y, por no contrariarla, se calló.

El filósofo influyó con enjundia a unos pocos e incordió, intencionalmente, a otros muchos.

Eran muchos sus conocidos. Sus amigos del alma, nunca lo fueron.

Hundido y fundido se quedó en nada, lamentando, de por vida, la intromisión causada por la frustración.

Al jugador arruinado, el rigor de las desdichas le hizo
comerse las pelotas, las cartas, las fichas…

El pez dulceacuícola es el primero que cae de patitas en la cárcel de la red.

¿Golpe de estado en el fondo del mar? Ahí se desalojan todos los peces.

El tipo presumía de tener muchas agallas, pero nadaba fatal.

A mar revuelto, votos en el aire.
A árbol caído, ganancia de leñadores.

La particularidad suele ser sólo parte menor del todo.

Maestro de todo, enseñante de nada.

El tratado de comercio con Trumpilandia era una bagatela para, a fin de cuentas, dejarse timar por el viejo vendedor de coches usados.

El ser pensante sabe lo que intuye, no lo que llega a saber.

No lo daba ni por bueno ni por malo. El muy tacaño, ni estirándole daba de sí.

Consume lo justo. No sea que te vayas a consumir.

En el duermevela se revela la sobrecarga más insomne de los sueños.

Lo que ya ha dejado de ser, no lo menees. Déjalo estar.

Aspirad hondo. Pensad alto. Sabed entre-leer. Ser.
Sed… que para eso está el agua en la fuente.

La discreción, alcahueta, rara vez es en verdad discreta.

El destino sin tino viene a ser la faena del sino.

La historia insta pero en Instagram, la muy lerda, se sigue tragando de todo.

Pasó del todo a la nada sin el mayor reproche, sin el menor derroche.

Con el pitido final, los espectadores, aburridos, se plantearon cuál era su finalidad. ¿Disfrutar? ¿Animar? O perder amargamente el tiempo.

La mentira es la patología andante de la verdad más fulastre.

Por mucho que exijas la verdad, en el colegio, en la tele y desde el altar, te van a embutir mentiras.

Mirando hacia atrás, sin ira, descubrió que su peor enemigo, con mucho, había sido él mismo.

El derecho de pernada será siempre un abuso; jamás un derecho.

Tú vete al punto, ya te pondrán ellos las comas.

Con un poco de ingenio logró deshacerse del mal genio.

Nunca dejes de dar por ya haber dado. A no ser que sea risa.

Si no tienes mucho que decir, describe y entrarás de pleno
en la narrativa tradicional.

La gente es buena, mientras no se le cuestione su parte de maldad.

La penuria da más penas que una cuenta vaciada en el banco.

Se amilanó al saberse paloma en las garras del gavilán.

El que reparte pan, reparte el miedo venidero.

El absurdo es tal que ni con los folletos al uso lo logras descifrar.

De nada sirve razonar cuando hacen caso omiso los demás.

Se me acusa de estar siempre a disgusto cuando lo único que me molesta es haber venido… con fórceps.

En los desencuentros álgidos se disfruta aún más la vitalidad frágil del encuentro fortuito.

Antes, los locos iban hablando solos por la calle. Ahora, hablan por teléfono y gesticulan como tales.

Tal y como está la amenaza nuclear, con mucha razón se saca a colación lo del eslabón perdido.

Los animales van por razas y los racionales, por rarezas.

Si la diversión no te divierte se puede tornar en aversión.

El problema es que siempre forme parte de la pretendida solución.

Con la mano en el botón, el valor no vale ya ni para defenderse.

En la pluralidad se esconde la presencia impertérrita del partido único. *¡Viva la vida democrática!*

Al que no le da miedo morir, piensa que esto no es vida.

A todas luces, esto no es de broma, pero da mucha risa.

viernes 16 OCTUBRE

El dislate no proviene de las borracheras del Sumo Hacedor,
sino de nuestro libre albedrío.

En manos de las armas se llega, con o sin razón, al nicho frígido de la nada.

No hay paz por dentro sin amor por fuera.

El ánima y el animal son tan antitéticos que se nos va a medir por ser lo que somos, una contradicción andante.

En el error se asienta el honor y en el dolor el punto de partida.

No sabía lo que habría más allá. Pero sí que había más, mucho más.

Si te refutan la verdad, que te cuenten a voces otra trola.

No me molesto ni en solicitar que no me molesten.

El parangón, insospechado, se entregó de brazos abiertos al panegírico más al uso.

El choque de civilizaciones será todo, menos civilizado.

Perdido el compás, se nos atragantó la trayectoria.

Enseña el profesor mientras cuestiona el artista.

La piedra filosofal rompió los cristales de la Facultad de Filosofía y Letras.

La sabiduría es sabia al saber que lo ignora casi todo.

La clase media era aquella que nadaba entre dos aguas y nunca supo guardar la ropa.

¿La vida de todos será una falacia ajena?

Basta de ideologías decimonónicas. Lo que faltan son ideas innovativas factibles.

No nos des más políticos de partido. Danos honestos gestores del todo.

Un solo diablo sólo cabe en dos infiernos.

¿Será que al dejar de creer en Él, el muy ególatra nos dejó caer?

La premiosidad jamás tuvo premio y, además, llegó siempre tarde.

Si el tiempo no existe, no sé para qué demonios, a base de reloj, insiste.

En casa del herrero no daban más que palos… de ciego. Y herraduras para burros aviesos.

En el Hemiciclo, pocas leyes. Sólo los ciclos de los Cíclopes miopes.

La sugestión desde el Ministerio de Educación y Ciencia fue,
a ciencia cierta, su peor gestión.

La maldita envidia hace del ser humano lo que es, lo que nunca dejará de ser: Un bicho envidioso.

Se lamentó, sin reparar en lo lamentable que se hacía su
eterna queja.

La caída libre no es gratis, ni siquiera libre.

La razón de ser dista mucho de ser el ser de la razón.

La crisis no trae consigo, lamentablemente, el menor espíritu crítico.

Tanto hablar de la buena gestión, que pasamos por alto gestionar el tramo con baches de la indigestión.

Se tiró desde el bajo para que no le bajaran a patadas los de arriba.

La indefensión te lastra; te deja saber que no sabes atacar ni defenderte.

El hombre blanco ha tintado de marrón lo que era un paraíso multicolor.

Según el diputado, fuera y dentro de la Diputación, la reputación, más que reputada, es una puta chaquetera.

Por la forma de mirar, antes del crimen ya se le notaba en exceso el acceso al zaguán de las más malas intenciones.

El que vive su propia paz, en ascuas, se abrasa aún más a fuego lento.

Deja de mandar unilateralmente que, con el tiempo, te mandarán a… al cadalso.

El inocente cree tener derecho a lavarse las manos. Y el culpable dice que la culpa la tenemos todos; todos menos él.

No hay excusas que valgan. La atrocidad de este quilombo es inexcusable.

Me hace sufrir. La imbecilidad del votante no tiene límites.

Por la boca muere el pez y por su ego subsiste el
Plantígrado.

Detestamos al otro, mientras, nos adoramos a nosotros mismos.

El descalabro de la realidad actual supera con mucho al surrealismo más calenturiento de otrora.

Lo inimaginable está a punto de ser un suceso más.
Luctuoso.

Educación: Si *educere* es conducir, nos estamos metiendo de lleno contra el tráfico y en el carril contrario.

La demencia es la ciencia que, inexorable, nos conduce al futuro.

Si lo sopeso, me equivoco. Y si lo hago en exceso, me paso de listo.

La calle de Enmedio es la que conduce a los dos extremos del pueblo.

Dejó de querer saber por no querer conocerse. Se tenía muy visto.

La frustración creció entre las masas y llegó a convertirse en plena ofuscación. A tiro limpio.

Recurrió al insulto fácil pero difícilmente pudo ocultar lo insulso de su discurso.

La superioridad siempre juega con el complejo más psicótico de inferioridad.

Loco de atar, por fin rompió todas las ataduras con la sociedad. Normal.

Hombre blanco, zapato negro… corbata a rayas. Sombrero colonial.

El historiador tuvo más claro los siglos pasados que el obscurantismo de los cien años recientes.

Integración social. Sol de medianoche.

En la atrocidad se sumerge la ola más conflictiva de la
actualidad televisiva.

Esquife de realidad, perfume de ligereza.

La pluralidad, escasa y por partes, es radicalmente partidista.

La lámina lamina cualquier presentimiento plasmado en un pobre papel con voz de pergamino.

El alma del robot, de ser, sería una impostura... más.

jueves 17 DICIEMBRE

La inteligencia artificial tiene poco de arte y mucho de artificio.

La verosimilitud más que un símil, es una verdad a medias, un hipotético.

El Gran Capital desfila hacia el futuro como lo que es, una feria siniestra de Gigantes y Cabezudos metidos en un cohete.

¿El que inspira acaba expirando como todos los demás?

¿Quien expira se pira para no volver jamás?

Las añagazas del tiempo siempre se las apañan para hacértelo pagar al contado.

La añoranza es el ordenanza que tramita el año a punto de dejar de ser.

Murió de un mal golpe de odio en su largo vía crucis por conocer el amor.

Si no estoy muerto, no estoy… para nadie.

Si piensas que no hay solución, no te desesperes. Para los monosabios como nosotros nunca la ha habido.

El silencio es oro. Y el oro… un impostor.

La consciencia de la conciencia se refugia en el arco más avieso del subconsciente.

Rasca en el fondo y te comerás el cieno.
Rasca por lo alto y arañarás el cielo.

El que aguarda y guarda, acrisola lo mejor para un final feliz.

¿La finalidad no es que la película del año diga en inglés,
'The End'?

NOTAS

NOTAS

	2026
ENERO	
FEBRERO	
MARZO	
ABRIL	
MAYO	
JUNIO	
JULIO	
AGOSTO	
SEPTIEMBRE	
OCTUBRE	
NOVIEMBRE	
DICIEMBRE	

JEAN PAUL LEON YODH

ADAGIO

aforismos

Con *Mujeres en la cruz*, *Hebras hebraicas*, *La palabra desnuda, Año bisiesto, Cuarto de siglo* y ahora *Adagio*, Jean Paul Leon Yodh extiende sus alas y vuelve a escribir en castellano, a diario y a mano. Le tomó 40 años de reloj volver a hacerlo. Atrás quedan los 20 guiones de cine acabados en inglés durante su etapa en Hollywood, su libro de arte *Héritage*, publicado en Francia con prefacio del Ministro de Cultura y Educación Jack Lang y recomendado por la curadora del Museo del Louvre, Lizzie Boubli. Actualmente, Leon Yodh está terminando de pergeñar tres novelas largas, *Mi alter ego y yo somos 3* y *Huéspedes hacinados en el hospitalario hall del Hotel Hispania* y *Asiduos al abismo*.

(De este libro de aforismos en forma de agenda se ha realizado una tirada de 50 ejemplares.)

31